Die großen Tierwanderungen

Robert Sheehan

Inhalt

Die **fett** gedruckten Wörter werden auf Seite 23 erklärt.

Tiere gehen auf Wanderschaft, um zu fressen, sich fortzupflanzen und um zu überleben. Sie verlassen ihr Zuhause und fliegen, schwimmen oder legen zu Fuß manchmal tausende von Kilometern zurück, um ihren Zielort zu erreichen.

Viele Tierarten überwinden weite Strecken. Einige wandern immer zur gleichen Jahreszeit. Manche Arten sind dabei schnell, andere langsam. Einige suchen ein neues Zuhause, andere kehren später wieder zurück.

Der Überlebensinstinkt

Damit die Tiere einer Art überleben können, brauchen sie ausreichend Nahrung, Wasser und einen sicheren Platz zum Leben. Ist ihre Heimat überbevölkert, kann das Futter knapp werden. Und wenn es im Sommer zu heiß wird oder im Winter zu kalt, sind Futter und Unterschlupf möglicherweise nur schwer zu finden.

Viele Tiere haben auf ihrer Wanderschaft mit Naturgewalten zu kämpfen. Das hält sie jedoch nicht davon ab, ihr **Reiseziel** zu erreichen.

Eine Herde Gnus durchquert einen Fluss bei starker Strömung.

Viele Tiere in Afrika gehen auf Wanderschaft,
um Nahrung und Wasser zu finden.

Einige Tiere, wie zum Beispiel Affen, finden genug Futter und sind sicher im tropischen Regenwald. Andere müssen auf Wanderschaft gehen, damit ihre Art überleben kann.

Die Wanderschaft wurde für viele Tiere zum festen Bestandteil ihres Lebens.

Durch die Prärie

Die Prärie in Ostafrika ist das Zuhause für riesige Herden von Weidetieren. Dazu gehören auch die Gnus. Während der Trockenzeiten werden Futter und Wasser im Norden der Serengeti knapp. Jeden Oktober beginnen fast 2 Millionen Tiere ihre Wanderschaft Richtung Süden, um mehr Nahrung und Wasser zu finden.

Tiere auf Wanderschaft sind eine leichte Beute für **Raubtiere. Aasfresser**, wie Schakale und Geier, entsorgen die Reste und lassen nur die Knochen übrig.

Leichter Regen sorgt für Wasser und ausgedehnten Grasbewuchs. Im April, wenn die starken Regenfälle beginnen, wandern die Herden auf schnellstem Wege nach Norden zurück.

Gnus wandern durch die Prärie.

☆ **Gnu-Steckbrief** ☆

Wo: Serengeti, Ostafrika

Wann: von Oktober bis Dezember und von Mai bis Juli

Warum: um Nahrung und Wasser zu finden, sobald es knapp wird

Wanderungsverhalten: auf immer gleichen Pfaden weidend durch die Prärie

Auszug der Tiere

Wenn zu viele Tiere einer Art an einem Platz leben, kann es zu Nahrungs- und Wassermangel kommen. Man nennt das Überbevölkerung. Das zwingt große Gruppen von Tieren, sich ein neues Zuhause zu suchen. Sie begeben sich auf eine Reise, die viele nicht überleben.

Teil einer großen Gruppe von Heuschrecken

Lemminge sind Nagetiere, die bis zu neun Junge pro Wurf haben können. Wenn Lemminge auf Wanderschaft gehen, bewegen sie sich schnell vorwärts. Wasser kann sie nicht aufhalten. Auf der Suche nach neuem Land schwimmen sie bis zu 1,6 km weit, doch viele ertrinken auf ihrer Reise.

Vom Wind getragen **schwärmen** Heuschrecken in großen Gruppen **aus**. Je nach Zufall landen sie in einem Kornfeld oder ertrinken im Meer. Diejenigen, die Glück haben, fressen sich satt und pflanzen sich fort. Dies kann wiederum die Ursache für eine neue **Plage** sein und so beginnt der Kreislauf „Wanderung" von vorne.

☆Heuschrecken-Steckbrief☆

Wo:	warme Klimazonen weltweit, landwirtschaftlich genutzte Flächen
Wann:	zu jeder Zeit
Warum:	um einen weniger bevölkerten Platz zum Leben zu finden
Wanderungsverhalten:	mit dem Wind fliegen

Wanderung der Wale

Normalerweise überwinden Säugetiere keine großen Entfernungen. Einzige Ausnahme sind die Buckelwale. Sie fressen im Sommer in der Arktis **Krill**.

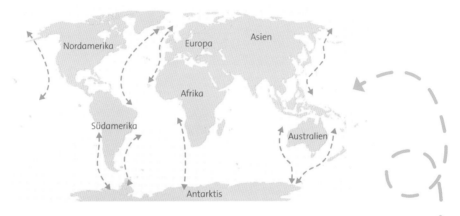

Nordamerika

Europa

Asien

Afrika

Südamerika

Australien

Antarktis

Wanderungsmuster von Buckelwalen

Buckelwale spielen während ihrer Reise.

Buckelwale verlieren auf ihrer Wanderschaft etwa die Hälfte ihres Körpergewichts. Sie können acht Monate pro Jahr von ihren Fettreserven leben.

Eine Buckelwal-
Mutter und ihr
Kalb kehren
nach Hause
zurück.

Um sich fortzupflanzen, schwimmen Buckelwale
zu Beginn des Winters nach Süden in sicherere,
wärmere Gewässer. Danach kehren sie in den
Norden zurück. Nur die Weibchen und ihre **Kälber**
bleiben länger. Während der Reise nehmen sie
keine Nahrung zu sich. Deshalb müssen sie sich
eine Fettreserve anfressen und Kraft schöpfen,
bevor sie aufbrechen.

☆ **Buckelwal-Steckbrief** ☆

Wo:	Atlantik, Pazifik, Indischer Ozean
Wann:	im Winter und im Sommer
Warum:	um ihre Jungen in warmen, sicheren Gewässern aufzuziehen

Wanderungsverhalten: im Winter in Richtung Äquator und im Sommer zurück in die polaren Gebiete

Sommerferien

Küstenseeschwalben überwinden große Entfernungen. Nachdem sie den Sommer über in der Arktis gebrütet haben, beginnen sie ihre Reise, die sie 40 000 km weit weg führt. Drei Monate fliegen sie Richtung Antarktis. Sie kommen an, wenn dort der Sommer beginnt und fliegen zurück, wenn der Sommer in der Arktis wieder beginnt.

Küstenseeschwalben fressen im Flug. Um Fische zu fangen, schießen sie herab und tauchen ins Wasser.

Von allen Tieren legen die Küstenseeschwalben den längsten „Wanderweg" zurück.

Seit hunderten von Jahren nisten Klippenschwalben im kalifornischen Capistrano unter Dachvorsprüngen. Sie treffen jeden März aus Argentinien ein, pünktlich zum „Festival der Schwalben". Im Oktober fliegen sie die 9 000 km bis Argentinien wieder zurück.

Wanderungsmuster der Küstenseeschwalben

Nordamerika

Europa

Asien

Afrika

Südamerika

Australien

Antarktis

☆ Küstenseeschwalben-Steckbrief ☆

Wo: Arktis, Antarktis

Wann: zu Beginn des Winters

Warum: um Nahrung zu finden und einen angenehmen Unterschlupf nach der Fortpflanzung

Wanderungsverhalten: Rundreise von der Arktis in die Antarktis und zurück

Die Reise
ihres Lebens

Die meisten Lachse gehen normalerweise nur
einmal im Leben auf große Wanderschaft.
Nachdem sie geschlüpft sind, verbringen sie ihre
ersten Lebensjahre in den Süßwasserströmen
Nordamerikas und Europas. Dann schwimmen
sie mit den Flüssen in den Nordatlantik.

— Ausgewachsene Lachse sind kräftige Meeresschwimmer.

Gegen die Strömung zum Ort ihrer Geburt zurückzukehren kann schwierig sein.

Doch hier haben die Lachse erst die Hälfte ihrer Reise hinter sich. Sie passen sich an das Salzwasser an. Wenn sie ganz ausgewachsen sind, reisen sie den langen Weg zurück zu ihrem Geburtsort.

Die Weibchen legen ihre Eier in den gleichen Fluss, in dem sie selbst geboren wurden. Doch nach ihrer Reise sind die Lachse schwach und viele sterben. Nur die Stärksten kehren ein zweites Mal zurück, um zu **laichen**.

☆ Lachs-Steckbrief ☆

Wo:	Süßwasserströme, Flüsse und der Nordatlantik
Wann:	normalerweise nur einmal im Leben
Wanderungsverhalten:	Rundreise von den Süßwasserströmen ins Meer und zurück

Langusten unterwegs!

Langusten gehen auf Wanderschaft, um sich fortzupflanzen. Sie verbringen die Winter in tiefen Gewässern. Wenn der Sommer naht, brechen sie auf zu den seichten Küstengewässern Nordamerikas.

Langusten im Gänsemarsch

Sobald sie die Küstengewässer erreichen, legen die Weibchen Eier, aus denen schon bald die Jungen schlüpfen. Danach werden die Weibchen von der Meeresströmung in tiefere Gewässer zurückgetragen.

Die Art und Weise, wie die Langusten wandern, ist einzigartig. Sie marschieren in einer Art Polonäse über den Meeresboden, bei der jede Languste ihr Vordertier mit ihren Antennen berührt. Sobald Gefahr droht, bilden sie einen Kreis und richten ihre Scheren und Antennen nach außen.

☆ Langusten-Steckbrief ☆

Wo:	Küstengebiete des Nordatlantiks
Wann:	zwischen Frühling und Herbst
Warum:	um Eier zu legen, damit die Jungen in warmen seichten Küstengewässern schlüpfen können
Wanderungsverhalten:	im Gänsemarsch über den Boden der Küstengewässer

Strandbrüter

Meeresschildkröten können über 100 Jahre alt werden. Den größten Teil ihres Lebens verbringen sie fressend im Meer. Doch genau wie die Lachse überwinden die ausgewachsenen Schildkröten große Entfernungen, um ihre Eier an den Sandstränden ihrer Geburt zu legen. Sobald die Jungen geschlüpft sind, machen sie sich auf ihren langen, gefährlichen Weg zurück ins Meer.

Jedes Jahr schwimmen etwa
4 000 Suppenschildkröten von den
Küstengewässern Brasiliens zur
Insel Ascension im Südatlantik.
Die Weibchen kehren auf die
1 500 km weit entfernte Insel
zurück, auf der sie etwa drei Jahre
zuvor geboren worden sind.
Dort legen sie ihre Eier in den Sand.

☆   **Meeresschildkröten-Steckbrief**   ☆

Wo:	in warmen Ozeanen
Wann:	wann immer die Weibchen bereit sind
Warum:	um ihre Eier an Land zu legen
Wanderungsverhalten:	im Sand schlüpfen, ins Meer watscheln und erwachsen zurückkehren

Die Reise der Schmetterlinge

Nordamerikanische Monarchfalter sind große Schmetterlinge. Sie haben **fragile** Flügel und gehen trotzdem auf eine unglaubliche Wanderschaft.
Die **Lebenserwartung** eines Monarchfalters liegt bei etwa einem Monat, doch einige wenige Tiere werden acht Monate alt. Diese Schmetterlinge werden im Spätsommer in Nordamerika geboren. Ende August beginnen sie ihre Flugreise, um dem kalten Winter zu entgehen.

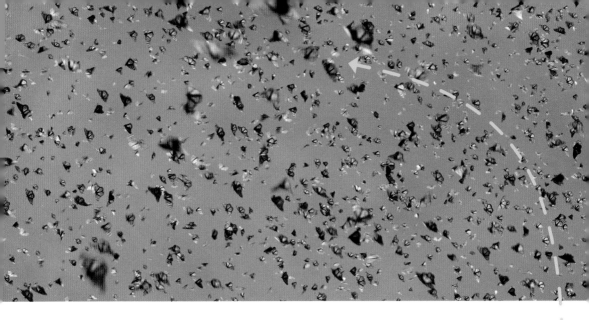

Bis zu 300 Millionen Monarchfalter legen 4000 km zurück, um in Mexiko auf Bäumen zu überwintern.

Im Vorfrühling legen die Falter ihre Eier und sterben. Auf der Wanderung zurück in den Norden werden drei **Generationen** der kurzlebigen Monarchfalter geboren.

Wenn Monarchfalter auf Wanderschaft gehen, wird der Himmel bunt.

Nordamerika

- → Sommer
- → Frühling
- → Winter

Monarchfalter-Steckbrief

Wo:	Nordamerika und Mexiko
Wann:	September bis November und März bis Juni
Warum:	um den kalten Wintern zu entgehen

Wanderungsverhalten: in den Süden fliegen, um Eier zu legen. Die Jungen kehren in den Norden zurück.

Wer wandert wohin?

Kannst du jedem Tier die passende Wanderung zuordnen? Um die richtigen Antworten zu geben, kannst du auf den vorherigen Seiten nachsehen.

☆ Lachs

☆ Meeres-schildkröte

☆ Gnu

☆ Buckelwal

☆ Languste

☆ Küstensee-schwalbe

☆ Heuschrecke

Verlässt den nördlichen Polarkreis im Winter, um im Südsommer in der Antarktis zu sein.

Marschiert über den Meeresboden, um in seichten Gewässern Eier zu legen.

Fliegt in Schwärmen und wird vom Wind an einen anderen Ort getragen, um dort zu fressen und sich zu vermehren.

Wird in Süßwasserströmen geboren und lebt im Meer. Als ausgewachsenes Tier kehrt es zurück zum Ort seiner Geburt, um Eier zu legen.

Zieht mit dem Regen, um genug Gras und Wasser zu finden, damit sich das Tier fortpflanzen kann.

Wird am Strand geboren. Lebt im Meer und kehrt als ausgewachsenes Tier an den Strand zurück, um Eier zu legen.

Verlässt polare Gebiete, um Junge zu bekommen. Die Kälber werden in warmen sicheren Gebieten geboren.

Worterklärungen

Aasfresser	Tiere, die die Überreste anderer Tiere fressen
ausschwärmen	eine große Zahl von Tieren, die zusammen fliegen
fragil	zerbrechlich, zart
Generation	eine einzelne Stufe im Familienstammbaum, zum Beispiel vom Elternteil zum Kind
Kälber	die Jungen der Wale
Krill	Vielzahl kleiner Krebstiere
laichen	Eier legen
Lebenserwartung	(Lebensspanne) die Zeit von der Geburt bis zum Tod
Plage	hier: eine große Ansammlung von Tieren, die eine Katastrophe verursachen
Raubtiere	Tiere, die andere Tiere töten und fressen
Reiseziel	(Zielort) Platz, zu dem ein Tier auf Wanderschaft unterwegs ist
schlüpfen	wenn die Schale eines Eis bricht und ein Junges herauskriecht

Stichwortverzeichnis